Nicola Amato

Collana Saggi
"Approfondimenti di diritto penale"
Volume 4
-----æ-----

Nicola Amato

Nicola Amato

Il reato di stalking e la disciplina giuridica che lo regola

Un saggio della collana editoriale
"Approfondimenti di diritto penale"
Volume 4

Casa Editrice:
Amazon Independently Published

© Copyright 2023 Nicola AMATO

nicola-amato.blogspot.it
www.facebook.com/nicola.amato.scrittore
www.amazon.it/Nicola-Amato/e/B0058FNDFQ/
www.youtube.com/channel/UC7HuyTExwr_IPagrPFROuoA

Tutti i diritti sono riservati.

Nessuna parte di questo libro può essere riprodotta o diffusa con un mezzo qualsiasi, fotocopie, microfilm o altro, senza il permesso scritto dell'autore. È consentito tuttavia quotare brevi passaggi a fini letterari, giornalistici, di studio o ricerca, purché venga citato fonte e autore.

Foto di copertina di jackson-simmer-ZxRHtPacwUY-unsplash

Codice **ISBN**: 9798848368635

Sommario

Introduzione 9

Prima Parte: Lo stalking 13

   1. Che cos'è lo stalking 15
   2. I primi segnali di stalking 19
   3. Quali sono le tipologie di stalker 23
   4. Le ripercussioni psicofisiche dello stalking sulle vittime . 27
   5. Cosa fare in caso di stalking 39

Seconda Parte: La disciplina giuridica dello stalking 43

   6. Gli istituti giuridici che regolavano lo stalking prima dell'introduzione di leggi specifiche 45

      6.1 Art. 572 c.p. (Maltrattamenti in famiglia) 46
      6.2 Art. 610 c.p. (Violenza privata) 48
      6.3 Art. 612 c.p. (Minaccia) 49
      6.4 Art. 660 c.p. (Molestia o disturbo alle persone) 51

7. Legge 23 aprile 2009, n. 38 55
   7.1 Articolo 612 bis c.p. (Atti persecutori) 57
   7.2 L'ammonimento del Questore 59
8. Legge 19 luglio 2019, n. 69, denominata "Codice Rosso" 61

Conclusione 83

Bibliografia 85

Informazioni sull'autore 89

Introduzione

"Approfondimenti di diritto penale" è una nuova collana editoriale che affronta di volta in volta degli argomenti giuridici particolari e specifici rivolti soprattutto ai giuristi a qualsiasi titolo, agli studenti dei vari corsi inerenti al diritto e alla giurisprudenza, ai partecipanti di tutti quei concorsi pubblici e privati in cui la conoscenza del diritto è un aspetto importante da valutare in sede d'esame per i posti messi a concorso.

È particolarmente indicato inoltre per tutti gli esperti del settore e per gli appassionati di diritto in generale, soprattutto penale, che vogliono approfondire le loro conoscenze giuridiche.

Questo libro è il quarto volume di questa collana editoriale e riguarda un argomento scottante di stretta attualità: lo stalking.

Verranno pertanto affrontate tutte le tematiche inerenti allo stalking, e nello specifico vedremo cos'è, quali sono i primi segnali che ci fanno riconoscere per tempo lo stalking, quali sono le tipologie di stalker, le ripercussioni psicofisiche dello stalking sulle vittime, e cosa fare in caso di stalking.

Passeremo poi alla sua disciplina giuridica, che tratteremo in maniera chiara ed accessibile a tutti, e vedremo quali sono gli istituti giuridici che regolavano lo stalking prima dell'introduzione di leggi specifiche, per poi passare all'analisi di tali leggi.

Verranno pertanto analizzate la Legge 23 aprile 2009, n. 38, recante misure urgenti in materia di sicurezza pubblica e di contrasto alla violenza sessuale, nonché in tema di atti persecutori.

In conclusione verrà esaminata la legge "*ad hoc*" per lo stalking, ossia la Legge 19 luglio 2019, n. 69, denominata "Codice Rosso", recante modifiche al codice penale, al codice di procedura penale e altre disposizioni in materia di tutela delle vittime di violenza domestica e di genere.

Augurandovi una buona lettura e un buon studio, vi ringrazio per aver ancora una volta deciso di seguirmi in una mia nuova avventura letteraria.

Nicola Amato

Prima Parte:

Lo stalking

1. Che cos'è lo stalking

Iniziamo questo capitolo dal termine "stalking".

L'uso del termine stalking, come di altre forme inglesi, ha provocato reazioni in alcuni utenti che lo trovano fastidioso e insopportabile, soprattutto in quanto voce di ambito giuridico; alcuni vorrebbero che in luogo di stalking, si usasse molestie, eventualmente specificato, per poter leggere parole che siano comprensibili. Questo secondo un articolo dell'Accademia della Crusca, la quale spiega inoltre l'etimologia della parola stalking e come è entrata nella lingua italiana[1].

---

[1] L'articolo completo può essere fruito su: https://accademiadellacrusca.it/it/consulenza/in inglese-stalking-in-

La lessicografia, continua ancora l'Accademia della Crusca, inizia ad accogliere stalking a partire dal 2007 nello Zingarelli 2007, mentre stalker entrerà solo nell'edizione 2010.

Nel Devoto-Oli stalking è registrato fin dall'edizione 2008 che lo definisce come "*l'insieme di comportamenti persecutori ripetuti e intrusivi, come minacce, pedinamenti, molestie, telefonate o attenzioni indesiderate, tenuti da una persona nei confronti della propria vittima*"; nella stessa edizione stalker è un "*individuo affetto da un disturbo della personalità che lo spinge a perseguitare ossessivamente un'altra persona con minacce, pedinamenti, molestie e attenzioni indesiderate*".

Stalking deriva dal verbo inglese "to stalk", che significa "avanzare furtivamente", ed indica per esempio quel particolare incedere del gatto che si sta avvicinando alla preda. Il primo a fare il suo ingresso in italiano sembra essere il sostantivo stalker, "chi avanza furtivamente e segue una preda seguendo le sue tracce".

Fatta questa doverosa premessa linguistica, che ci aiuta a capire cos'è in definitiva lo stalking, occupiamoci ora dell'essenza vera e propria dello stalking.

Quando parliamo di stalking, ci riferiamo in genere ad una serie di comportamenti tenuti da un individuo

---

italiano/833#:~:text=con%20il%20termine%20inglese%20stalking, stesso%20paura%20ed%20ansia%2C%20compromettendo%2C

1. Che cos'è lo stalking

Iniziamo questo capitolo dal termine "stalking".

L'uso del termine stalking, come di altre forme inglesi, ha provocato reazioni in alcuni utenti che lo trovano fastidioso e insopportabile, soprattutto in quanto voce di ambito giuridico; alcuni vorrebbero che in luogo di stalking, si usasse molestie, eventualmente specificato, per poter leggere parole che siano comprensibili. Questo secondo un articolo dell'Accademia della Crusca, la quale spiega inoltre l'etimologia della parola stalking e come è entrata nella lingua italiana[1].

---

[1] L'articolo completo può essere fruito su: https://accademiadellacrusca.it/it/consulenza/in-inglese-stalking-in-

La lessicografia, continua ancora l'Accademia della Crusca, inizia ad accogliere stalking a partire dal 2007 nello Zingarelli 2007, mentre stalker entrerà solo nell'edizione 2010.

Nel Devoto-Oli stalking è registrato fin dall'edizione 2008 che lo definisce come "*l'insieme di comportamenti persecutori ripetuti e intrusivi, come minacce, pedinamenti, molestie, telefonate o attenzioni indesiderate, tenuti da una persona nei confronti della propria vittima*"; nella stessa edizione stalker è un "*individuo affetto da un disturbo della personalità che lo spinge a perseguitare ossessivamente un'altra persona con minacce, pedinamenti, molestie e attenzioni indesiderate*".

Stalking deriva dal verbo inglese "to stalk", che significa "avanzare furtivamente", ed indica per esempio quel particolare incedere del gatto che si sta avvicinando alla preda. Il primo a fare il suo ingresso in italiano sembra essere il sostantivo stalker, "chi avanza furtivamente e segue una preda seguendo le sue tracce".

Fatta questa doverosa premessa linguistica, che ci aiuta a capire cos'è in definitiva lo stalking, occupiamoci ora dell'essenza vera e propria dello stalking.

Quando parliamo di stalking, ci riferiamo in genere ad una serie di comportamenti tenuti da un individuo

---

italiano/833#:~:text=con%20il%20termine%20inglese%20stalking, stesso%20paura%20ed%20ansia%2C%20compromettendo%2C che affligge un'altra persona, perseguitandola ed ingenerandole stati di ansia e paura che possono arrivare anche ad atti di violenza fisica vera e propria, oltre che psicologica, e compromettere quindi il normale svolgimento della quotidianità della persona vittima di stalking.

La minaccia di violenza da parte dello stalker, sia fisica che psichica, è quindi reale, ingenera terrore nella vittima e scatena tutti quegli stati d'animo che insidiano la condizione psico-fisica dell'individuo oggetto dello stalking.

Lo stalking quindi consiste nel perseguitare una persona in modo da cagionare un perdurante e grave stato di ansia o di paura, ovvero da ingenerare un fondato timore per l'incolumità propria o di un prossimo congiunto o di persona al medesimo legata da relazione affettiva, ovvero da costringere lo stesso ad alterare le proprie abitudini di vita.

Lo stalking è un dramma sociale molto grave e sempre più diffuso in quest'era moderna. Questo reato purtroppo viene commesso sempre più spesso, soprattutto nei confronti delle donne, anche se non mancano dei casi in cui siano proprio le donne a fare dello stalking nei confronti degli uomini.

Tutto questo perché, riferendoci nello specifico alle donne, molte volte esse non colgono i primi segnali del malessere di coppia che spesso indica che quella relazione potrebbe sfociare in atti di violenza e in tragici eventi. Spesso la donna vuole ricucire un rapporto ormai alla deriva, sperando che col tempo cambi.

Uno stalker, un violento, un malato di mente, perché questo è alla fine uno stalker, non può cambiare la sua essenza se non viene curato completamente. Col tempo, senza essere sottoposto ad un trattamento sanitario o psicologico, potrebbe forse migliorare, ma non certamente guarire. Perché lo stalker non sa di essere uno stalker, lui, o lei, pensa di aver diritto di fare tutto ciò che fa, e soprattutto vive nella convinzione perversa che il proprio partner sia una proprietà privata.

A mio parere, oggi le donne dovrebbero acquisire la piena consapevolezza della loro libertà di scelta nelle relazioni sociali e sentimentali, senza dover affrontare il calvario delle persecuzioni di uno stalker.

Sono finiti i tempi in cui, secondo lo Statuto di Lucca del 1563 *"chiunque poteva frustare, percuotere, ledere e castigare impunemente mogli, figli e domestici, purché non provocasse la morte o lesioni personali gravi"*.

Oggi fortunatamente la legge tutela le vittime di violenza familiare e di stalking, ed è quello che vedremo nei prossimi capitoli.

2. I primi segnali di stalking

È molto importante saper riconoscere i primi segnali che ci dicono che siamo vittime di uno stalker. Si tratta di una serie di comportamenti messi in atto da un molestatore che generano nella vittima stati di ansia e paura che possono arrivare addirittura a modificare le sue abitudini di vita.

Per evitare di cadere in questo circolo vizioso, è bene conoscere tali atteggiamenti e segnalarli immediatamente alle autorità competenti, prima che si tramutino in veri e propri atti di violenza. Spesso, infatti, le vittime si accorgono troppo tardi di essere diventate il bersaglio di un'ossessione.

Ecco quindi quelle che possono essere considerate le "spie" che segnalano alla potenziale vittima di essere probabilmente oggetto dell'attenzione di uno stalker, il quale potrebbe perpetrare una o più delle seguenti azioni, che dovrebbero mettere subito in allarme la vittima:

- Invia continuamente sms, e-mail, messaggi vari attraverso i social network, spesso telefona a tutte le ore del giorno e della notte, e continua a farlo nonostante gli sia stato chiesto di porre fine a questi atteggiamenti petulanti;
- Lascia continuamente messaggi sull'automobile, sulla porta di casa o nella cassetta della posta;
- Pedina la vittima e si apposta sotto casa, all'uscita del luogo di lavoro o della palestra;
- Effettua delle indagini per scoprire le abitudini di vita della persona presa di mira;
- Minaccia la vittima e le persone ad essa vicine;
- Scrive frasi offensive e diffamatorie sui social network;
- Compie atti vandalici alle cose di proprietà della vittima (ad esempio, rompe il finestrino dell'auto).

Per ricapitolare, il **primo segnale** preoccupante che deve metterci subito sul "chi va là" è l'atteggiamento ossessivo del potenziale stalker. Esso consiste in chiamate e messaggi costanti e reiterati, che hanno lo scopo di conoscere, attraverso le risposte che pretende di ricevere dalla persona perseguitata, tutto ciò che essa sta facendo. Se si ha a che fare veramente con uno stalker, tale atteggiamento diventerà insostenibile poiché ripetuto ossessivamente nel tempo. Eventuali mancate risposte ai suoi segnali comporteranno infatti reazioni di rabbia o di aggressività e si placheranno solo quando la situazione sarà tornata sotto il suo totale controllo.

Il **secondo segnale**, ancora più indicativo e per certi versi pericoloso, è il fatto che l'individuo sia in grado di conoscere informazioni e movimenti della persona con cui si relaziona, prima che sia quest'ultima a rivelarglieli. Non si tratta di curiosità da social media, ma di vero e proprio tracciamento dei movimenti, che da digitale può trasformarsi in reale, con pedinamenti e appostamenti.

Per farvi un esempio, se postate sui social media l'informazione che state andando ad un evento particolare nella vostra città, lo stalker, se è veramente tale, rischiate di ritrovarvelo lì ad aspettarvi, con l'aria di uno che è lì per caso, magari con quell'atteggiamento del tipo: "Toh chi si vede! Che coincidenza".

Terzo segnale da tenere in considerazione sono le apparizioni dello stalker senza preavviso. Quando si ha a che fare con uno stalker, queste sono dapprima presentate come sorprese occasionali e per certi versi gradevoli, finiscono però per diventare degli agguati veri e propri, finalizzati al monitoraggio e alla minaccia continua della vittima.

Quindi, se una persona si accorge di ricevere simili "attenzioni" deve subito rivolgersi alle autorità competenti per sporgere una querela. A lungo andare, infatti, le vittime di stalking iniziano a nutrire paura, ansia, sensi di colpa, vergogna, rabbia, disturbi del sonno, depressione, disperazione, fino a sviluppare dei veri e propri disturbi psichiatrici che possono portare in alcuni casi al suicidio.

di ricevere dalla persona perseguitata, tutto ciò che essa sta facendo. Se si ha a che fare veramente con uno stalker, tale atteggiamento diventerà insostenibile poiché ripetuto ossessivamente nel tempo. Eventuali mancate risposte ai suoi segnali comporteranno infatti reazioni di rabbia o di aggressività e si placheranno solo quando la situazione sarà tornata sotto il suo totale controllo.

Il **secondo segnale**, ancora più indicativo e per certi versi pericoloso, è il fatto che l'individuo sia in grado di conoscere informazioni e movimenti della persona con cui si relaziona, prima che sia quest'ultima a rivelarglieli. Non si tratta di curiosità da social media, ma di vero e proprio tracciamento dei movimenti, che da digitale può trasformarsi in reale, con pedinamenti e appostamenti.

Per farvi un esempio, se postate sui social media l'informazione che state andando ad un evento particolare nella vostra città, lo stalker, se è veramente tale, rischiate di ritrovarvelo lì ad aspettarvi, con l'aria di uno che è lì per caso, magari con quell'atteggiamento del tipo: "Toh chi si vede! Che coincidenza".

Terzo segnale da tenere in considerazione sono le apparizioni dello stalker senza preavviso. Quando si ha a che fare con uno stalker, queste sono dapprima presentate come sorprese occasionali e per certi versi gradevoli, finiscono però per diventare degli agguati veri e propri, finalizzati al monitoraggio e alla minaccia continua della vittima.

Quindi, se una persona si accorge di ricevere simili "attenzioni" deve subito rivolgersi alle autorità competenti per sporgere una querela. A lungo andare, infatti, le vittime di stalking iniziano a nutrire paura, ansia, sensi di colpa, vergogna, rabbia, disturbi del sonno, depressione, disperazione, fino a sviluppare dei veri e propri disturbi psichiatrici che possono portare in alcuni casi al suicidio.

3. Quali sono le tipologie di stalker

È stata proposta da più gruppi di studiosi una classificazione suddivisa su più assi, abbastanza esaustiva, da utilizzare sia in ambito forense che clinico[2].

Le tipologie di stalker vengono descritte su tre assi: il primo asse fornisce una valutazione funzionale del comportamento, definendo gli scopi perseguiti dallo stalker attraverso le molestie assillanti; il secondo valuta il tipo di relazione esistente tra stalker e vittima; il terzo infine è diagnostico e discrimina la presenza/assenza di psicosi.

Vediamo allora di che cosa si tratta questo studio.

---

[2] Mullen P.E., Pathé M., Purcell R.,(2009), "*Stalkers and their victims*", Cambridge, University Press

Per quanto riguarda il **primo asse**, vi sono le seguenti tipologie di stalker:

- Il **risentito:** il classico caso dell'ex fidanzato che non accetta la fine della relazione sentimentale e che per tale ragione decide di vendicarsi. La maggior parte delle volte, tale condotta viene posta in essere tramite la diffamazione, ad esempio, condividendo su Internet immagini o video di contenuto privato ed intimo, facendo degli appostamenti o danneggiando le cose di proprietà della vittima;
- Il **predatore:** colui che desidera avere rapporti sessuali con la sua vittima. Per questo motivo, inizia a pedinarla e a spaventarla ossessivamente;
- Il **respinto:** ossia chi è stato rifiutato da qualcuno e che, al tempo stesso, vuole vendicarsi e recuperare la relazione ormai finita;
- Il **bisognoso d'affetto:** si verifica quando il molestatore confonde un'amicizia oppure una relazione professionale con qualcosa di più. Quindi, interpreta ogni atteggiamento della vittima come il desiderio di avere un contatto fisico o comunque un rapporto sentimentale;
- Il **corteggiatore incompetente:** si tratta più comunemente dello stalker incapace di fare la corte a qualcuno, quindi adotta comportamenti invadenti e fastidiosi.

Dal tipo di relazione variabile del **secondo asse**, invece, si individuano molestatori del tipo: ex-partners, colleghi di lavoro, clienti/pazienti, conoscenti/amici, sconosciuti. Si tratta di tutti i casi in cui è possibile che salti fuori uno stalker. Infatti, chi è vittima di uno stalker, soprattutto all'inizio in cui non sa bene di chi si tratta perché non ha ancora rivelato la sua identità, i primi sospetti li fa cadere proprio su qualcuno di queste categorie di individui che sono stati menzionati sopra.

Infine, il **terzo asse** divide gli stalker in due gruppi principali: psicotici/non psicotici. Nel primo gruppo (41%) si collocano soggetti con diagnosi di schizofrenia, disturbo delirante, psicosi affettiva e psicosi su base organica; nel gruppo dei non psicotici sono prevalenti le diagnosi di disturbi di personalità e, in parte minore, disturbi d'ansia e depressivi. L'abuso di sostanze è in comorbilità nel 25% dei casi e il disturbo di personalità, cluster B risulta la diagnosi più diffusa (51%) nel campione[3].

---

[3] Maggiori informazioni su
https://www.istitutobeck.com/beck-news/tipologie-di-stalker#:~:text=Il%20primo%20asse%20permette%20di,%2C%20il%20%20predatore%20(predatory).

4. Le ripercussioni psicofisiche dello stalking sulle vittime

In astratto, il fenomeno dello stalking può riguardare chiunque e, quindi, coinvolgere tanto le donne, quanto gli uomini. Tuttavia, si stima che, nonostante ciò, l'80% delle vittime di stalking sia donna.

La vittima perseguitata dallo stalker manifesta sensazioni ed emozioni intense, che vanno da un iniziale stato di allerta e di stress psicologico a intensi e pervasivi vissuti di preoccupazione, di paura per la propria vita, di rabbia e disprezzo per il molestatore, di colpa e vergogna per quello che sta loro accadendo.

La dimensione privata e personale viene violata, il senso di colpa e la vergogna per quello che sta accedendo favoriscono l'isolamento, la chiusura e, di conseguenza, le richieste d'aiuto e soccorso si riducono. In questo modo, la vittima finisce per sviluppare intensi stati d'ansia, disturbi del sonno e veri e propri quadri psicopatologici.

Sono state svolte diverse ricerche per valutare quali siano le conseguenze dei comportamenti di stalking sulle vittime. Una delle prime è stata quella di Pathè e Mullen (1997). Nella loro ricerca, condotta su di un campione di 100 vittime di stalking australiane, emerse che queste riportavano gravi ripercussioni a livello psicologico, lavorativo e relazionale. Anche uno studio svolto in Olanda (Kamphuis et al., 2001, 2003) su 200 vittime di stalking, ha documentato l'insorgenza di sintomi psicologici clinicamente rilevanti e, in particolare, di numerosi casi di disturbo post-traumatico da stress. La gravità dei sintomi è comparabile a quella che si riscontra nei soggetti che hanno vissuto disastri aerei, rapine a mano armata e gravi incidenti automobilistici.

Dal punto di vista psicologico ed emozionale, i sintomi più comunemente riportati dalle vittime di stalking sono paura, ansia, rabbia, sensi di colpa, vergogna, disturbi del sonno, reazioni depressive con sensazioni di impotenza, disperazione, paura e comparsa di ideazione suicidaria. Sul piano della salute fisica si riscontrano invece disturbi dell'appetito, abuso di alcool, insonnia, nausea e aumento nel consumo di sigarette.

Tuttavia, è bene sottolineare che non sempre le vittime di stalking sviluppano un disturbo psichiatrico. I sintomi possono delinearsi come subclinici o transitori e possono essere compensati dalla resilienza di un soggetto, ovvero la sua capacità di adattarsi a fronte di un evento traumatico.

Ma vediamo quali sono i sintomi e i disturbi presenti nelle vittime di stalking.

Sono state svolte diverse ricerche per valutare quali conseguenze si possano avere nelle **vittime di stalking**.

Una delle prime è quella postulata ancora una volta da Pathè e Mullen (1997). Nella loro ricerca condotta su un campione di 100 **vittime** australiane di stalking, emerge che le **vittime di stalking** hanno riportato gravi ripercussioni a livello psicologico, lavorativo e relazionale.

Il 94% ha riferito di aver avuto notevoli cambiamenti nello stile di vita e nelle attività quotidiane; il 70% ha riferito di aver avuto una notevole diminuzione delle attività sociali; il 50% ha diminuito o persino cessato l'attività lavorativa.

Il 34% ha cambiato lavoro e il 40% residenza. Il livello di ansia è aumentato nell'80% dei casi. Molte **vittime di stalking** hanno riportato disturbi cronici del sonno (75%) e pensieri ricorrenti riguardanti l'evento traumatico (55%). Il 50% ha avuto disturbi alimentari, stanchezza, debolezza e cefalee. Una piccola parte, infine, ha avuto problemi di depersonalizzazione (38%), incremento di uso di alcool e nicotina (25%) e persino pensieri di suicidio (25%).

Questi dati indicano la percezione soggettiva delle vittime, e soddisfano pienamente i criteri diagnostici tipici del Disturbo Post Traumatico da Stress (PTSD).

Anche uno studio molto interessante svolto in Olanda (Kamphuis et al., 2001, 2003)[4] su un campione di 200 **vittime di stalking**, ha documentato l'insorgenza, nelle **vittime**, di sintomi psicologici rilevanti e di numerosi casi in cui si configura una diagnosi di disturbo post traumatico da stress. La gravità dei sintomi è comparabile a quella che si riscontra nei soggetti che hanno subito classici traumi, come disastri aerei, rapine a mano armata e gravi incidenti automobilistici.

Le **vittime di stalking**, quindi, riportano una serie di disturbi conseguentemente alle molestie subite, che modificano notevolmente la qualità della loro vita.

Inoltre, un altro interessante studio svolto da Gargiullo e Damiani (2016)[5] riscontra nelle vittime di stalking prevalentemente le seguenti patologie:

---

[4] J. H. KAMPHUIS 1, P. M. G. EMMELKAMP, A. BARTAK, Individual differences in post-traumatic stress following post-intimate stalking: stalking severity and psychosocial variables, Studio scientifico pubblicato su NIH National Library of Medicine, 2003, https://pubmed.ncbi.nlm.nih.gov/12828804/

[5] B. C. GARGIULLO, R. DAMIANI, Lo stalker, ovvero il persecutore in agguato, Franco Angeli editore, 2016

- Il disturbo da stress post-traumatico (PTSD) può verificarsi dopo uno o più eventi altamente emotivi, come minacce di morte, lesioni gravi o persecuzioni persistenti e angoscianti. I sintomi includono sogni e ricordi invasivi che creano disagio emotivo e la sensazione che l'evento traumatico si stia ripetendo. La persona può manifestare comportamenti di evitamento di qualsiasi stimolo associato al trauma, amnesie dissociative, ridotta partecipazione alle attività sociali, distacco emotivo dall'ambiente circostante, riduzione dell'affettività e una visione negativa del futuro.

- Il Complex Post-Traumatic Stress Disorder (C-PTSD) è un disturbo che si verifica quando una persona è stata esposta a un trauma cronico e prolungato, come abusi fisici, emozionali, sessuali e maltrattamenti ripetuti nel tempo. È stato descritto da Van der Kolk[6] come una condizione che descrive le conseguenze negative dell'esperienza traumatica, inclusa la perdita di sicurezza, fiducia, valore e autostima, insieme a difficoltà emotive e interpersonali.

---

[6] B. A. VAN DER KOLK (a cura di), A. C. MCFARLANE (a cura di), L. WEISAETH (a cura di), P. VERENI (Traduttore), Stress traumatico. Gli effetti sulla mente, sul corpo e sulla società delle esperienze intollerabili, Magi Edizioni, 2005.

I sintomi di questo disturbo includono una difficoltà nel regolare le emozioni, ricordare in modo costante gli episodi traumatici, alterazione dell'auto-percezione e della percezione del proprio molestatore, problemi nelle relazioni con gli altri e una perdita di fiducia. Queste problematiche sono spesso riscontrate nella maggior parte delle vittime di stalking.

- Le somatizzazioni, che sono sintomi fisici che una persona sperimenta senza una chiara causa organica. In altre parole, non ci sono anomalie fisiche o malattie che possono essere identificate come causa del sintomo.

Questi sintomi fisici possono includere mal di testa, dolori muscolari, problemi gastrointestinali, difficoltà respiratorie, palpitazioni cardiache e altri disturbi simili.

Nel caso delle vittime di stalking, questi sintomi fisici possono derivare dall'ansia e dallo stress che provengono dall'essere vittima di stalking, che può avere un impatto significativo sulla salute mentale e fisica della persona coinvolta.

L'ansia e il grave disagio emotivo possono provocare una serie di reazioni fisiche, come il rilascio di ormoni dello stress che possono avere un effetto sul sistema nervoso, cardiovascolare e gastrointestinale. Inoltre, il costante stato di allerta e paura può causare tensione muscolare e dolore fisico.

In sostanza, le somatizzazioni sono un modo in cui il corpo può rispondere allo stress e all'ansia cronica. Sebbene questi sintomi possano essere debilitanti e influenzare la qualità della vita della vittima, è importante ricordare che sono una reazione normale e comprensibile a una situazione di stress estremo.

- L'avversione sessuale è un disturbo che si verifica quando una persona sviluppa una forte repulsione o paura nei confronti dell'attività sessuale a causa di traumi o esperienze negative in passato. Nel caso delle vittime di stalking, gli episodi di violenza fisica o sessuale possono portare allo sviluppo di questa avversione sessuale.

Il disturbo è caratterizzato da sintomi come il disgusto, la paura e la repulsione nei confronti dell'attività sessuale, insieme a una riduzione del desiderio sessuale (libido). Le vittime di stalking possono iniziare a sviluppare delle strategie disfunzionali di protezione per evitare l'attività sessuale, come ad esempio trascurare il proprio aspetto fisico, evitare situazioni che potrebbero portare a un'attività sessuale e dedicare eccessivo tempo al lavoro o allo sport.

Inoltre, il disturbo d'ansia può influenzare negativamente la qualità della vita delle vittime di stalking, poiché l'avversione sessuale può causare problemi nelle relazioni intime e può portare alla riduzione dell'autostima e della fiducia in se stessi. Tuttavia, è importante notare che questa reazione è una risposta normale e comprensibile a una situazione di trauma e che esistono trattamenti efficaci per aiutare le vittime di stalking a superare questa avversione sessuale e recuperare una vita sessuale soddisfacente.

- Il vaginismo, infine, è un disturbo sessuale in cui i muscoli del pavimento pelvico intorno alla vagina si contraggono involontariamente, causando dolore e impedendo la penetrazione. Ciò può rendere le relazioni sessuali dolorose o addirittura impossibili.

Le cause del vaginismo possono essere diverse, tra cui traumi sessuali, ansia da prestazione, ansia legata alla sessualità e problemi di coppia. Nelle vittime di stalking, il vaginismo può essere causato da abusi sessuali ripetuti o da altri traumi legati allo stalking.

Il vaginismo è un disturbo che può avere un impatto significativo sulla vita sessuale e sulla qualità della vita in generale. Le vittime di stalking possono sentirsi frustrate e impotenti a causa di questo disturbo, il che può portare a un allerta e paura può causare tensione muscolare e dolore fisico.

In sostanza, le somatizzazioni sono un modo in cui il corpo può rispondere allo stress e all'ansia cronica. Sebbene questi sintomi possano essere debilitanti e influenzare la qualità della vita della vittima, è importante ricordare che sono una reazione normale e comprensibile a una situazione di stress estremo.

- L'avversione sessuale è un disturbo che si verifica quando una persona sviluppa una forte repulsione o paura nei confronti dell'attività sessuale a causa di traumi o esperienze negative in passato. Nel caso delle vittime di stalking, gli episodi di violenza fisica o sessuale possono portare allo sviluppo di questa avversione sessuale.

Il disturbo è caratterizzato da sintomi come il disgusto, la paura e la repulsione nei confronti dell'attività sessuale, insieme a una riduzione del desiderio sessuale (libido). Le vittime di stalking possono iniziare a sviluppare delle strategie disfunzionali di protezione per evitare l'attività sessuale, come ad esempio trascurare il proprio aspetto fisico, evitare situazioni che potrebbero portare a un'attività sessuale e dedicare eccessivo tempo al lavoro o allo sport.

Inoltre, il disturbo d'ansia può influenzare negativamente la qualità della vita delle vittime di stalking, poiché l'avversione sessuale può causare problemi nelle relazioni intime e può portare alla riduzione dell'autostima e della fiducia in se stessi. Tuttavia, è importante notare che questa reazione è una risposta normale e comprensibile a una situazione di trauma e che esistono trattamenti efficaci per aiutare le vittime di stalking a superare questa avversione sessuale e recuperare una vita sessuale soddisfacente.

- Il vaginismo, infine, è un disturbo sessuale in cui i muscoli del pavimento pelvico intorno alla vagina si contraggono involontariamente, causando dolore e impedendo la penetrazione. Ciò può rendere le relazioni sessuali dolorose o addirittura impossibili.

Le cause del vaginismo possono essere diverse, tra cui traumi sessuali, ansia da prestazione, ansia legata alla sessualità e problemi di coppia. Nelle vittime di stalking, il vaginismo può essere causato da abusi sessuali ripetuti o da altri traumi legati allo stalking.

Il vaginismo è un disturbo che può avere un impatto significativo sulla vita sessuale e sulla qualità della vita in generale. Le vittime di stalking possono sentirsi frustrate e impotenti a causa di questo disturbo, il che può portare a un peggioramento della situazione. È importante notare che il vaginismo è un disturbo curabile e che esistono molte opzioni di trattamento disponibili, tra cui la terapia sessuale, la terapia cognitivo-comportamentale e la terapia fisica.

Inoltre, è importante che le vittime di stalking ricevano il supporto emotivo adeguato e che lavorino con un professionista esperto in traumi e disturbi sessuali per superare il vaginismo e ripristinare una vita sessuale soddisfacente. Con il giusto supporto e trattamento, le vittime di stalking possono superare il vaginismo e recuperare il controllo sulla propria vita sessuale e sulla propria felicità generale.

Le vittime di stalking spesso riportano una vasta gamma di sintomi psicologici ed emotivi, che possono avere un impatto significativo sulla loro vita quotidiana e sulla loro salute mentale. Questi sintomi possono includere paura, ansia, rabbia, sensi di colpa, vergogna, disturbi del sonno, reazioni depressive con sensazioni di impotenza, disperazione, paura e comparsa di ideazione suicidaria.

La paura è spesso il sintomo più comune riportato dalle vittime di stalking. Le vittime possono sentirsi costantemente osservate e minacciate, il che può causare un aumento dell'ansia e una diminuzione del senso di sicurezza. Questi sentimenti possono anche portare a sensi di colpa e vergogna, poiché le vittime possono sentirsi responsabili di ciò che sta accadendo loro o possono sentirsi giudicate dagli altri per aver subito lo stalking.

I disturbi del sonno sono un altro sintomo comune riportato dalle vittime di stalking. L'ansia e lo stress possono causare difficoltà ad addormentarsi, risvegli notturni e un sonno non ristoratore, il che può a sua volta avere un impatto sulla salute fisica e mentale della vittima.

Le reazioni depressive sono anche comuni tra le vittime di stalking. La sensazione di impotenza e di disperazione possono entrambi portare a un umore depresso e alla comparsa di pensieri suicidari.

Sul piano fisico, le vittime di stalking possono sperimentare disturbi dell'appetito, abuso di alcol, insonnia, nausea e aumento dell'uso di sigarette. Questi sintomi possono essere il risultato dell'ansia e dello stress cronico causati dallo stalking, ma possono anche essere il risultato di strategie disfunzionali di coping utilizzate dalle vittime per far fronte allo stress.

Spieghiamo meglio di cosa si tratta quando parliamo di coping.

Le strategie di coping sono le tecniche o le strategie che le persone adottano per far fronte alle situazioni stressanti o difficili. Tuttavia, alcune strategie di coping possono essere disfunzionali perché non risolvono il problema alla radice, ma lo mascherano temporaneamente o creano problemi aggiuntivi.

Ad esempio, alcune vittime di stalking possono adottare strategie disfunzionali di coping come evitare i luoghi frequentati dallo stalker, chiudersi in casa, trascurare la propria igiene personale, lavorare eccessivamente, bere alcolici o drogarsi per alleviare lo stress e l'ansia. Queste strategie possono alleviare temporaneamente la tensione, ma non risolvono il problema di fondo e possono creare ulteriori difficoltà nella vita quotidiana della vittima.

Tuttavia, è importante notare che non tutte le vittime di stalking sviluppano un disturbo.

Alcune vittime possono essere in grado di far fronte al trauma e recuperare senza sintomi duraturi, grazie alla loro resilienza e capacità di adattamento. Altre vittime possono invece sviluppare sintomi transitori che scompaiono con il tempo o con l'aiuto di un trattamento adeguato.

In ogni caso, è importante che le vittime di stalking ricevano il supporto emotivo e il trattamento necessari per superare i sintomi e ripristinare il loro benessere psicologico e fisico. Il supporto di amici, familiari e professionisti esperti in traumi e disturbi psicologici può essere estremamente prezioso per le vittime di stalking che cercano di superare questa esperienza traumatica.[7]

---

[7] Per saperne di più: G. FUSÈ, C. DE NADAI, Vittime di stalking: effetti psicopatologici e intervento, articolo su State of Mind, https://www.stateofmind.it/2016/03/vittime-di-stalking-intervento-psicologia/

5. Cosa fare in caso di stalking

Ci sono alcune regole di base che le vittime di stalking dovrebbero seguire sin dal momento in cui si rendono conto di essere oggetto di attenzioni eccessive da parte di un ex partner, collega o conoscente. Queste regole hanno lo scopo di scoraggiare o evitare i comportamenti persecutori e proteggere la loro incolumità fisica e psicologica:

1. **Prendere sul serio la situazione:** spesso le vittime tendono a minimizzare o sottovalutare i comportamenti persecutori, ma è importante riconoscere la gravità della situazione e prendere sul serio ogni segnale di allarme.

2. **Non rimanere sola:** cercare il supporto di amici, familiari o professionisti qualificati è essenziale per non sentirsi isolati e vulnerabili.

3. **Documentare gli episodi:** registrare gli episodi di stalking con tanto di data, ora, luogo e descrizione dettagliata degli eventi può essere utile come prova in caso di azioni legali.

4. **Bloccare ogni forma di contatto:** bloccare il numero di telefono, i profili sui social media, le email e qualsiasi altro mezzo di contatto che il molestatore utilizza per comunicare.

5. **Informare le autorità:** rivolgersi alle autorità competenti (polizia, carabinieri, tribunale) e denunciare gli episodi di stalking per far valere i propri diritti.

6. **Prendere precauzioni:** prendere precauzioni per proteggere la propria sicurezza fisica, come evitare di camminare da soli, cambiare la propria routine, evitare di andare in posti isolati.

7. **Prendersi cura di sé:** non trascurare la propria salute mentale e fisica, cercare di mantenere uno stile di vita equilibrato e sano, cercare il supporto di professionisti qualificati per gestire lo stress e le emozioni negative.

5. Cosa fare in caso di stalking

Ci sono alcune regole di base che le vittime di stalking dovrebbero seguire sin dal momento in cui si rendono conto di essere oggetto di attenzioni eccessive da parte di un ex partner, collega o conoscente. Queste regole hanno lo scopo di scoraggiare o evitare i comportamenti persecutori e proteggere la loro incolumità fisica e psicologica:

1. **Prendere sul serio la situazione:** spesso le vittime tendono a minimizzare o sottovalutare i comportamenti persecutori, ma è importante riconoscere la gravità della situazione e prendere sul serio ogni segnale di allarme.

2. **Non rimanere sola:** cercare il supporto di amici, familiari o professionisti qualificati è essenziale per non sentirsi isolati e vulnerabili.

3. **Documentare gli episodi:** registrare gli episodi di stalking con tanto di data, ora, luogo e descrizione dettagliata degli eventi può essere utile come prova in caso di azioni legali.

4. **Bloccare ogni forma di contatto:** bloccare il numero di telefono, i profili sui social media, le email e qualsiasi altro mezzo di contatto che il molestatore utilizza per comunicare.

5. **Informare le autorità:** rivolgersi alle autorità competenti (polizia, carabinieri, tribunale) e denunciare gli episodi di stalking per far valere i propri diritti.

6. **Prendere precauzioni:** prendere precauzioni per proteggere la propria sicurezza fisica, come evitare di camminare da soli, cambiare la propria routine, evitare di andare in posti isolati.

7. **Prendersi cura di sé:** non trascurare la propria salute mentale e fisica, cercare di mantenere uno stile di vita equilibrato e sano, cercare il supporto di professionisti qualificati per gestire lo stress e le emozioni negative.

Cosa possono fare i parenti e gli amici della vittima

I parenti e gli amici della vittima di stalking possono svolgere un ruolo importante nel fornire sostegno emotivo e protezione alla persona colpita dall'abuso.

Ecco alcune cose che possono fare:

1. **Ascoltare e sostenere:** I parenti possono essere una fonte importante di sostegno emotivo per la vittima di stalking. Devono ascoltare con attenzione e offrire conforto, evitando di minimizzare l'esperienza della persona o di giudicare le sue scelte.

2. **Non minimizzare la situazione:** I parenti dovrebbero prendere sul serio le preoccupazioni della vittima e riconoscere che lo stalking è un comportamento inaccettabile e illegale.

3. **Consigliare di denunciare:** Se la vittima non ha ancora denunciato lo stalking, i parenti possono consigliarla di farlo e offrirsi di accompagnarla alla stazione di polizia.

4. **Fornire aiuto concreti:** I parenti possono aiutare la vittima ad aumentare la sicurezza della sua casa, ad esempio installando serrature aggiuntive o un sistema di allarme.

5. **Raccogliere prove:** I parenti possono aiutare la vittima a documentare gli episodi di stalking e a raccogliere prove utili, ad esempio registrazioni

audio o video, messaggi di testo o e-mail, biglietti o note lasciate dall'aggressore.

6. **Chiedere aiuto a professionisti:** I parenti possono consigliare alla vittima di cercare l'aiuto di professionisti specializzati in questo campo, come psicologi o avvocati, per affrontare al meglio la situazione e proteggere la loro sicurezza e benessere.

Seconda Parte:

La disciplina giuridica dello stalking

6. Gli istituti giuridici che regolavano lo stalking prima dell'introduzione di leggi specifiche

In questo capitolo esploreremo il fenomeno dello stalking e come esso è stato percepito e trattato in passato. Molti anni fa, non esisteva un reato specifico di stalking, il che significa che i comportamenti persecutori non venivano puniti a meno che non sfociassero in violenza o in altri reati. Questo ha creato un vuoto legale in cui le vittime di stalking erano spesso lasciate indifese e impotenti di fronte ai loro persecutori.

Nel seguito del capitolo, esamineremo come la legge e la società hanno risposto al fenomeno dello stalking, quali sono le conseguenze per i colpevoli e quali strumenti di protezione sono a disposizione delle vittime.

6.1 Art. 572 c.p. (Maltrattamenti in famiglia)

Questo articolo prevede che: "*Chiunque maltratta una persona della famiglia, o un minore di anni quattordici, o una persona sottoposta alla sua autorità, o a lui affidata per ragioni di cura, vigilanza o custodia, o per l'esercizio di una professione o di un'arte, è punito con la reclusione da uno a cinque anni, se ne deriva una lesione grave si applica la reclusione da quattro a otto anni, se ne deriva la morte, la reclusione da dodici a venti anni*".

In sostanza, l'articolo 572 del Codice Penale italiano definisce il reato di maltrattamenti in famiglia. Questo reato riguarda gli atti di violenza o minaccia commessi in ambito familiare o domestico, che causano sofferenza fisica o psicologica alla vittima.

Il reato di maltrattamenti in famiglia può essere commesso nei confronti di un coniuge, di un convivente, di un parente, di un affine o di una persona con cui si convive stabilmente. Il termine "maltrattamenti" include qualsiasi forma di violenza o abuso, come le percosse, le minacce, le lesioni, le ingiurie, le molestie o la privazione dei bisogni primari.

La pena prevista per il reato di maltrattamenti in famiglia è la reclusione da sei mesi a quattro anni. La pena può essere aumentata se il reato è stato commesso in presenza di minori o se la vittima ha subito lesioni gravi o permanenti. Inoltre, se il reato è stato commesso dal coniuge, dal convivente o da una persona con cui la vittima convive stabilmente, la pena può essere aumentata fino a un terzo.

Il reato di maltrattamenti in famiglia è considerato un reato perseguibile d'ufficio, il che significa che le autorità possono procedere d'ufficio alla denuncia e alla punizione dei responsabili, senza la necessità di una querela da parte della vittima.

Inoltre, l'articolo 572 del Codice Penale prevede anche l'obbligo per le autorità di adottare misure di protezione nei confronti della vittima, come l'allontanamento del maltrattatore dalla casa familiare o l'adozione di provvedimenti di tutela per la sicurezza della vittima e dei suoi familiari.

In sintesi, il reato di maltrattamenti in famiglia è un reato grave che prevede la punizione penale per chi commette atti di violenza o abuso in ambito familiare o domestico.

La legge prevede anche misure di protezione per la vittima, al fine di garantire la sua sicurezza e quella dei suoi familiari.

6.2 Art. 610 c.p. (Violenza privata)

"Chiunque, con violenza o manaccia, costringe altri a fare, tollerare o omettere qualche cosa è punito con la reclusione fino a quattro anni. La pena è aumentata se concorrono le condizioni prevedute dall'art. 339 (circostanze aggravanti)".

L'articolo 610 del Codice Penale italiano definisce il reato di violenza privata. Questo reato riguarda gli atti di violenza o minaccia commessi nei confronti di una persona con l'intento di costringerla a fare o a non fare qualcosa contro la sua volontà.

Il reato di violenza privata può essere commesso in vari contesti, ad esempio in una disputa tra vicini di casa, in una lite tra colleghi di lavoro o in una situazione di estorsione. La violenza può essere fisica o psicologica e può includere anche la minaccia di violenza futura.

La pena prevista per il reato di violenza privata è la reclusione da sei mesi a quattro anni. Se la violenza è stata commessa con l'uso di armi o altri oggetti pericolosi, la pena può essere aumentata fino a un terzo. Inoltre, se la violenza ha causato lesioni gravi o permanenti, la pena può essere aumentata fino alla metà.

Il reato di violenza privata è considerato un reato perseguibile d'ufficio, il che significa che le autorità possono procedere d'ufficio alla denuncia e alla punizione dei responsabili, senza la necessità di una querela da parte della vittima.

Inoltre, l'articolo 610 del Codice Penale prevede anche l'obbligo per le autorità di adottare misure di protezione nei confronti della vittima, come l'allontanamento del violento dalla sua presenza o la messa a disposizione di un servizio di protezione.

In sintesi, il reato di violenza privata è un reato grave che prevede la punizione penale per chi commette atti di violenza o minaccia contro una persona con l'intento di costringerla a fare o a non fare qualcosa contro la sua volontà. La legge prevede anche misure di protezione per la vittima, al fine di garantire la sua sicurezza e quella degli altri.

6.3 Art. 612 c.p. (Minaccia)

"Chiunque minaccia ad altri un ingiusto danno è punito, a querela della persona offesa, con la multa fino a euro 51. Se la minaccia è grave, o è fatta in uno dei

modi indicati nell'articolo 339 (circostanze aggravanti), "la pena è della reclusione fino a 1 anno e si procede d'ufficio".

L'articolo 612 del Codice Penale italiano definisce il reato di minaccia. Questo reato riguarda l'atto di minacciare una persona con l'intento di costringerla a fare o a non fare qualcosa contro la sua volontà.

Il reato di minaccia può essere commesso in vari contesti, ad esempio in una disputa tra vicini di casa, in una lite tra colleghi di lavoro o in una situazione di estorsione. La minaccia può essere espressa verbalmente o tramite altri mezzi, come le lettere o le telefonate.

La pena prevista per il reato di minaccia è la reclusione fino a un anno o la multa fino a 1.032 euro. Se la minaccia è stata commessa con l'uso di armi o altri oggetti pericolosi, la pena può essere aumentata fino a un terzo. Inoltre, se la minaccia ha causato un grave turbamento alla vittima, la pena può essere aumentata fino alla metà.

Il reato di minaccia è considerato un reato perseguibile d'ufficio, il che significa che le autorità possono procedere d'ufficio alla denuncia e alla punizione dei responsabili, senza la necessità di una querela da parte della vittima.

Inoltre, l'articolo 612 del Codice Penale prevede anche l'obbligo per le autorità di adottare misure di protezione nei confronti della vittima, come l'allontanamento del minaccioso dalla sua presenza o la messa a disposizione di un servizio di protezione.

In sintesi, il reato di minaccia è un reato grave che prevede la punizione penale per chi minaccia una persona con l'intento di costringerla a fare o a non fare qualcosa contro la sua volontà. La legge prevede anche misure di protezione per la vittima, al fine di garantire la sua sicurezza e quella degli altri.

6.4 Art. 660 c.p. (Molestia o disturbo alle persone)

Questo articolo cita: "*Chiunque, in un luogo pubblico o aperto al pubblico, ovvero col mezzo del telefono, per petulanza o per altro biasimevole motivo, reca a taluno molestia o disturbo è punito con arresto fino a un anno o con l'ammenda fino a 2.065 euro*".

Esso definisce la petulanza come un "*atteggiamento di insistenza eccessiva, e perciò fastidioso, di arrogante invadenza e di intromissione continua e inopportuna nell'altrui sfera*".

L'articolo 660 del Codice Penale italiano definisce il reato di molestia o disturbo alle persone. Questo reato riguarda l'atto di arrecare molestia o disturbo a una persona, mediante il ripetuto e insistente avvicinamento o attraverso altre condotte che causino alla vittima un grave stato di ansia o di paura.

Il reato di molestia o disturbo alle persone può essere commesso in vari contesti, ad esempio in situazioni di stalking o di bullismo, ma anche in relazioni personali o professionali. Le condotte che possono configurare questo reato possono essere diverse, come ad esempio le telefonate o le lettere ripetute e insistenti, gli appostamenti, il seguire la vittima o il disturbarla con commenti o comportamenti sgraditi.

La pena prevista per il reato di molestia o disturbo alle persone è la reclusione fino a un anno o la multa fino a 2.065 euro. Se la condotta è stata commessa con l'uso di armi o altri oggetti pericolosi, la pena può essere aumentata fino a un terzo. Inoltre, se la molestia o il disturbo hanno causato un grave turbamento alla vittima, la pena può essere aumentata fino alla metà.

Il reato di molestia o disturbo alle persone è considerato un reato perseguibile d'ufficio, il che significa che le autorità possono procedere d'ufficio alla denuncia e alla punizione dei responsabili, senza la necessità di una querela da parte della vittima.

Inoltre, l'articolo 660 del Codice Penale prevede anche l'obbligo per le autorità di adottare misure di protezione nei confronti della vittima, come l'allontanamento del molestatore dalla sua presenza o la messa a disposizione di un servizio di protezione.

l'allontanamento del minaccioso dalla sua presenza o la messa a disposizione di un servizio di protezione.

In sintesi, il reato di minaccia è un reato grave che prevede la punizione penale per chi minaccia una persona con l'intento di costringerla a fare o a non fare qualcosa contro la sua volontà. La legge prevede anche misure di protezione per la vittima, al fine di garantire la sua sicurezza e quella degli altri.

6.4 Art. 660 c.p. (Molestia o disturbo alle persone)

Questo articolo cita: "*Chiunque, in un luogo pubblico o aperto al pubblico, ovvero col mezzo del telefono, per petulanza o per altro biasimevole motivo, reca a taluno molestia o disturbo è punito con arresto fino a un anno o con l'ammenda fino a 2.065 euro*".

Esso definisce la petulanza come un "*atteggiamento di insistenza eccessiva, e perciò fastidioso, di arrogante invadenza e di intromissione continua e inopportuna nell'altrui sfera*".

L'articolo 660 del Codice Penale italiano definisce il reato di molestia o disturbo alle persone. Questo reato riguarda l'atto di arrecare molestia o disturbo a una persona, mediante il ripetuto e insistente avvicinamento o attraverso altre condotte che causino alla vittima un grave stato di ansia o di paura.

Il reato di molestia o disturbo alle persone può essere commesso in vari contesti, ad esempio in situazioni di stalking o di bullismo, ma anche in relazioni personali o professionali. Le condotte che possono configurare questo reato possono essere diverse, come ad esempio le telefonate o le lettere ripetute e insistenti, gli appostamenti, il seguire la vittima o il disturbarla con commenti o comportamenti sgraditi.

La pena prevista per il reato di molestia o disturbo alle persone è la reclusione fino a un anno o la multa fino a 2.065 euro. Se la condotta è stata commessa con l'uso di armi o altri oggetti pericolosi, la pena può essere aumentata fino a un terzo. Inoltre, se la molestia o il disturbo hanno causato un grave turbamento alla vittima, la pena può essere aumentata fino alla metà.

Il reato di molestia o disturbo alle persone è considerato un reato perseguibile d'ufficio, il che significa che le autorità possono procedere d'ufficio alla denuncia e alla punizione dei responsabili, senza la necessità di una querela da parte della vittima.

Inoltre, l'articolo 660 del Codice Penale prevede anche l'obbligo per le autorità di adottare misure di protezione nei confronti della vittima, come l'allontanamento del molestatore dalla sua presenza o la messa a disposizione di un servizio di protezione.

In sintesi, il reato di molestia o disturbo alle persone è un reato grave che prevede la punizione penale per chi arreca molestia o disturbo a una persona, mediante il ripetuto e insistente avvicinamento o altre condotte che causino alla vittima un grave stato di ansia o di paura. La legge prevede anche misure di protezione per la vittima, al fine di garantire la sua sicurezza e quella degli altri.

7. Legge 23 aprile 2009, n. 38

Per entrare un po' più nello specifico di questo argomento, la legge che tutela le vittime di stalking e punisce gli autori di atti persecutori è la n. 38 dell'aprile 2009, derivata dalla conversione del Decreto legge n. 11/23 febbraio 2009, recante "*Misure urgenti in materia di sicurezza pubblica e di contrasto alla violenza sessuale, nonché in tema di atti persecutori*".

Su questa base è stato istituito il reato di stalking, con l'inserimento dell'art. 612-bis nel Codice Penale.

La legge n. 38 del 2009 rappresenta un importante passo avanti nella tutela delle vittime di stalking e nella punizione degli autori di atti persecutori. Questa legge è stata emanata come risposta alla crescente preoccupazione riguardante il fenomeno dello stalking in Italia e si è concentrata sulla definizione del reato di stalking e sull'introduzione di misure di protezione per le vittime.

In particolare, la legge ha introdotto l'art. 612-bis nel Codice Penale, che vedremo nel prossimo paragrafo, che definisce il reato di stalking come un comportamento reiterato di persecuzione e molestia che crea alla vittima un grave stato di ansia e paura. Inoltre, la legge ha previsto pene più severe per i reati di minaccia e lesioni in relazione allo stalking, al fine di garantire una maggiore protezione delle vittime.

La legge n. 38 del 2009 ha inoltre previsto la possibilità per le vittime di chiedere misure di protezione personalizzate, come l'allontanamento del molestatore dalla propria persona o dal proprio domicilio, il divieto di avvicinamento e di comunicazione, e la messa a disposizione di un servizio di protezione. Inoltre, la legge ha istituito un registro nazionale delle persone condannate per reati di stalking, al fine di monitorare e prevenire recidive.

La legge ha inoltre previsto una maggiore attenzione da parte delle forze dell'ordine e delle autorità giudiziarie verso il fenomeno dello stalking, con l'obbligo di segnalare ogni caso di stalking al pubblico ministero e di garantire la protezione della vittima.

In sintesi, la legge n. 38 del 2009 rappresenta un importante strumento per la tutela delle vittime di stalking e per la prevenzione di questo grave fenomeno.

Grazie all'introduzione del reato di stalking e delle misure di protezione personalizzate, la legge ha contribuito a garantire una maggiore sicurezza per le vittime e a punire gli autori di atti persecutori.

7.1 Articolo 612 bis c.p. (Atti persecutori)

Tale articolo è stato introdotto con D.L. 23 febbraio 2009 n. 11, convertito in l. 23 aprile 2009 n. 38.

Salvo che il fatto costituisca più grave reato, è punito con la reclusione da un anno a sei anni e sei mesi chiunque, con condotte reiterate, minaccia o molesta taluno in modo da cagionare un perdurante e grave stato di ansia o di paura ovvero da ingenerare un fondato timore per l'incolumità propria o di un prossimo congiunto o di persona al medesimo legata da relazione affettiva ovvero da costringere lo stesso ad alterare le proprie abitudini di vita.

La pena è aumentata se il fatto è commesso dal coniuge, anche separato o divorziato, o da persona che è o è stata legata da relazione affettiva alla persona offesa ovvero se il fatto è commesso attraverso strumenti informatici o telematici.

La pena è aumentata fino alla metà se il fatto è commesso a danno di un minore, di una donna in stato di gravidanza o di una persona con disabilità di cui all'articolo 3 della legge 5 febbraio 1992, n. 104, ovvero con armi o da persona travisata.

Il delitto è punito a querela della persona offesa. Il termine per la proposizione della querela è di sei mesi. La remissione della querela può essere soltanto processuale. La querela è comunque irrevocabile se il fatto è stato commesso mediante minacce reiterate nei modi di cui all'articolo 612, secondo comma. Si procede tuttavia d'ufficio se il fatto è commesso nei confronti di un minore o di una persona con disabilità di cui all'articolo 3 della legge 5 febbraio 1992, n. 104, nonché quando il fatto è connesso con altro delitto per il quale si deve procedere d'ufficio.

Presentando querela, dunque, la persona che si sente essere vittima di stalking esprime la volontà di voler perseguire e punire penalmente l'autore del comportamento persecutorio. Se è un minore a essere vittima di atti persecutori, possono essere i genitori a denunciare i fatti alle Forze di Polizia. Se invece sono le Forze di Polizia a venire a conoscenza di un reato grave correlato allo stalking che prevede la procedibilità d'ufficio, iniziano le indagini autonomamente e procedono nei confronti del colpevole anche in assenza di querela.

Grazie all'introduzione del reato di stalking e delle misure di protezione personalizzate, la legge ha contribuito a garantire una maggiore sicurezza per le vittime e a punire gli autori di atti persecutori.

7.1 Articolo 612 bis c.p. (Atti persecutori)

Tale articolo è stato introdotto con D.L. 23 febbraio 2009 n. 11, convertito in l. 23 aprile 2009 n. 38.

Salvo che il fatto costituisca più grave reato, è punito con la reclusione da un anno a sei anni e sei mesi chiunque, con condotte reiterate, minaccia o molesta taluno in modo da cagionare un perdurante e grave stato di ansia o di paura ovvero da ingenerare un fondato timore per l'incolumità propria o di un prossimo congiunto o di persona al medesimo legata da relazione affettiva ovvero da costringere lo stesso ad alterare le proprie abitudini di vita.

La pena è aumentata se il fatto è commesso dal coniuge, anche separato o divorziato, o da persona che è o è stata legata da relazione affettiva alla persona offesa ovvero se il fatto è commesso attraverso strumenti informatici o telematici.

La pena è aumentata fino alla metà se il fatto è commesso a danno di un minore, di una donna in stato di gravidanza o di una persona con disabilità di cui all'articolo 3 della legge 5 febbraio 1992, n. 104, ovvero con armi o da persona travisata.

Il delitto è punito a querela della persona offesa. Il termine per la proposizione della querela è di sei mesi. La remissione della querela può essere soltanto processuale. La querela è comunque irrevocabile se il fatto è stato commesso mediante minacce reiterate nei modi di cui all'articolo 612, secondo comma. Si procede tuttavia d'ufficio se il fatto è commesso nei confronti di un minore o di una persona con disabilità di cui all'articolo 3 della legge 5 febbraio 1992, n. 104, nonché quando il fatto è connesso con altro delitto per il quale si deve procedere d'ufficio.

Presentando querela, dunque, la persona che si sente essere vittima di stalking esprime la volontà di voler perseguire e punire penalmente l'autore del comportamento persecutorio. Se è un minore a essere vittima di atti persecutori, possono essere i genitori a denunciare i fatti alle Forze di Polizia. Se invece sono le Forze di Polizia a venire a conoscenza di un reato grave correlato allo stalking che prevede la procedibilità d'ufficio, iniziano le indagini autonomamente e procedono nei confronti del colpevole anche in assenza di querela.

7.2 L'ammonimento del Questore

Un altro modo con la quale la persona vittima di stalking può richiedere l'intervento delle Forze di Polizia è l'ammonimento, come previsto dall'articolo 8 del Decreto legge n. 11/23 febbraio 2009 e successive modifiche. L'ammonimento è un provvedimento amministrativo, non penale quindi, di competenza del Questore che, dopo aver valutato i fatti e ritenuta motivata la richiesta sulla base dei fatti riportati dalla vittima e delle ulteriori informazioni eventualmente raccolte dagli organi investigativi, richiama ufficialmente lo stalker, invitandolo a interrompere il comportamento persecutorio.

Per richiedere l'ammonimento è necessario presentarsi presso il Comando dei Carabinieri o l'Ufficio di Polizia più vicini, riportando i fatti che motivano la richiesta e l'identità della persona responsabile dei comportamenti persecutori. A quel punto, se il persecutore non interrompe immediatamente l'azione di stalking nonostante l'ammonimento, e la vittima lo riferisce alle Autorità competenti, viene automaticamente avviata la procedura penale, senza che la vittima debba presentare querela.

8. Legge 19 luglio 2019, n. 69, denominata "Codice Rosso"

Il 9 agosto 2019 è entrata in vigore la Legge n. 69 del 19/07/2019 recante *"Modifiche al codice penale, al codice di procedura penale"*. È denominata legge "Codice Rosso" in quanto prevede una "prontezza di risposta" per le indagini e le denunce relative a violenze subite da donne o da minori. Con i suoi 21 articoli essa ha introdotto un inasprimento delle sanzioni previste per i reati di violenza domestica e di genere.

Questa legge rappresenta un importante passo avanti nella lotta contro la violenza domestica e di genere in Italia. L'obiettivo della legge è quello di garantire una prontezza di risposta alle denunce di violenza subite da donne e minori, con l'obiettivo di prevenire e contrastare questi reati.

La legge ha introdotto una serie di modifiche al Codice Penale e al Codice di Procedura Penale, tra cui l'inasprimento delle sanzioni per i reati di violenza domestica e di genere. In particolare, la legge prevede la possibilità di aggravare la pena nei casi in cui la vittima sia stata sottoposta a violenze ripetute nel corso del tempo, o in cui la violenza sia stata perpetrata in presenza di minori o di altre persone particolarmente vulnerabili.

Inoltre, la legge prevede una serie di misure di prevenzione, come l'allontanamento obbligatorio del violento dalla casa della vittima, il divieto di avvicinamento e di comunicazione, e la possibilità di assegnare la casa coniugale alla vittima. La legge introduce anche la figura dell'agente di polizia giudiziaria, che ha il compito di raccogliere le prove nei casi di violenza domestica e di genere e di avviare le indagini in modo tempestivo.

Tra le novità introdotte dalla legge Codice Rosso, va segnalata la possibilità per le vittime di richiedere misure cautelari senza la presenza di un avvocato, al fine di garantire una maggiore prontezza di risposta da parte delle autorità giudiziarie. Inoltre, la legge prevede la possibilità per le vittime di essere assistite da un avvocato di fiducia durante le indagini e i processi.

La Legge n. 69 del 2019 rappresenta un importante strumento nella lotta contro la violenza domestica e di genere, che continua a rappresentare un grave problema sociale in Italia.

La prontezza di risposta garantita dalla legge e l'inasprimento delle sanzioni per i reati di violenza sono strumenti fondamentali per garantire la protezione delle vittime e la punizione dei responsabili.

La giurisprudenza successiva all'entrata in vigore della legge Codice Rosso è ancora in fase di sviluppo, ma già alcune sentenze hanno confermato l'importanza di queste nuove disposizioni nel contrasto alla violenza domestica e di genere.

Vediamo allora cosa prevede il "Codice Rosso".

Una maggiore velocità nelle indagini

Questa legge ha introdotto un'accelerazione nella tempistica dei procedimenti relativi ai casi di violenza a cominciare dalla denuncia. Suo fine è quello di velocizzare le indagini, per cui, la Polizia Giudiziaria, nel caso di denuncia di violenza sulle donne, deve attivarsi subito dandone comunicazione immediata al Pubblico Ministero, il quale ha l'obbligo di sentire la vittima entro 3 giorni, onde evitare che il reato (maltrattamenti, violenza sessuale, stalking...) consumato tra le 4 mura domestiche possa ripetersi.

La donna, ora, dispone di 1 anno di tempo per sporgere denuncia, mentre in precedenza poteva denunciare il suo stalker entro e non oltre 6 mesi. Inoltre, la querela non può essere rimessa (ma solo giudizialmente), per evitare pressioni e minacce per ritirare la querela.

Precedenza al pronto soccorso

Negli ospedali è previsto un "codice" con bollino rosso, e cioè una corsia preferenziale, per le donne che arrivino al Pronto Soccorso vittime di violenza.

La Legge "Codice Rosso" prevede che le vittime di stalking godano di priorità nell'accesso alle cure mediche d'urgenza, in particolare ai servizi di pronto soccorso. Infatti, l'articolo 5 della legge stabilisce che le vittime di violenza di genere o di stalking hanno diritto ad una presa in carico immediata, e che i servizi sanitari devono adottare misure organizzative volte a garantire l'accesso prioritario alle cure mediche d'urgenza, anche attraverso l'istituzione di percorsi dedicati.

In pratica, questo significa che in caso di emergenza medica, le vittime di stalking devono essere prese in carico con la massima priorità rispetto ad altre persone in attesa di cure, in modo da garantire loro una rapida assistenza. Questo è un importante segnale di attenzione e di tutela nei confronti delle vittime di stalking, che spesso vivono situazioni di grave disagio e di pericolo per la propria incolumità fisica e psicologica.

Braccialetto elettronico

In caso di violenza di genere, il giudice può emettere una sentenza che prevede l'allontanamento del colpevole dalla casa familiare o il divieto di avvicinamento alla vittima. Come ulteriore misura di controllo, può essere imposto l'uso del braccialetto o della cavigliera elettronica, un dispositivo tecnologico che consente di monitorare a distanza gli spostamenti dell'individuo che lo indossa. Se il condannato non rispetta i divieti imposti dalla sentenza, la misura cautelare si irroga e il condannato rischia fino a 2 anni di carcere. Questa misura cautelare viene spesso adottata per proteggere le vittime di stalking e prevenire ulteriori episodi di violenza. Il braccialetto elettronico o la cavigliera elettronica sono quindi strumenti utilizzati per garantire la sicurezza della vittima e impedire al colpevole di avvicinarsi.

Maltrattamenti

L'inasprimento dell'articolo 572 del codice penale italiano è stato introdotto dalla legge 69/2019. Tale inasprimento prevede un aumento delle pene per chi commette maltrattamenti contro familiari o conviventi, nonché l'estensione della tutela alle vittime di stalking.

Questo inasprimento normativo rappresenta un importante passo avanti nella lotta contro la violenza assistita e i maltrattamenti in famiglia, offrendo alle vittime una maggiore protezione e garantendo una maggiore severità delle pene per chi commette tali reati.

Quando venga accertato il reato di maltrattamenti, si applicano le norme del codice antimafia che prevedono anche che l'uomo violento sia sottoposto a sorveglianza speciale e all'obbligo di dimora in altro comune.

Sono state introdotte pene più severe per i reati consumati all'interno della famiglia e in particolare la reclusione da 2 a 6 anni ex art. 572 c.p., è stata innalzata "da 3 a 7 anni" e con possibile aumento fino alla metà, quando il "maltrattamento" sia avvenuto con armi, oppure in presenza o a danno di donna in stato di gravidanza, di persona disabile o minore. Colui che non ha ancora compiuto diciotto anni, viene sempre considerato vittima del reato, sia che assista ai maltrattamenti di cui all'articolo 572 c.p. sia che li subisca.

Violenza sessuale

Il reato di violenza sessuale è stato oggetto di un inasprimento delle pene a seguito di recenti modifiche del codice penale italiano. In particolare, l'articolo 609-bis e seguenti prevedono la reclusione da 6 a 12 anni per la violenza sessuale, ma tale pena può essere aumentata fino a 14 anni nel caso in cui la violenza sia stata commessa da più persone (violenza sessuale di gruppo).

In caso di violenza sessuale su un minore, la pena prevista può arrivare fino a 24 anni di carcere. L'articolo 609-quater prevede infatti un aumento della pena fino a un terzo nel caso in cui gli atti sessuali siano stati compiuti con un minore di età inferiore ai 14 anni in cambio di denaro o di qualsiasi altra utilità, anche solo promessa.

Inoltre, la procedibilità di questo reato è sempre d'ufficio, il che significa che la denuncia o la querela da parte dei genitori della vittima non è necessaria, in quanto il reato può essere perseguito d'ufficio dalle autorità competenti.

In sintesi, l'inasprimento delle pene per il reato di violenza sessuale e la procedibilità d'ufficio sono alcune delle misure adottate dal legislatore italiano per combattere il fenomeno della violenza sessuale, in particolare nei confronti dei minori.

Stalking

In seguito alla L. 69/2019 aumentano le pene anche per lo stalker "da sei mesi a cinque anni" a "da uno a sei anni e sei mesi" di prigione a cui va ad aggiungersi, ovviamente, la misura cautelare del divieto di avvicinamento nei luoghi frequentati dalla vittima e la possibilità per il giudice di garantirne il rispetto attraverso strumenti elettronici (braccialetto/cavigliera).

In particolare, l'articolo 9 del Codice Rosso ha modificato l'articolo 612-bis del Codice Penale, che regola il reato di stalking. La nuova normativa ha introdotto alcune importanti novità in materia di prevenzione e di tutela delle vittime di stalking.

In primo luogo, la legge ha ampliato il concetto di stalking, comprendendo anche la condotta di chiunque "perseguiti una persona con comportamenti reiterati idonei a provocare nella vittima un fondato stato di ansia o di paura per la propria incolumità o per l'incolumità dei propri familiari o conviventi o dei soggetti cui la persona è legata da relazione affettiva".

In secondo luogo, il Codice Rosso ha previsto l'aggravamento della pena per chi commette il reato di stalking nei confronti di donne incinte o di minori, aumentando la sanzione fino alla metà.

Infine, la legge ha introdotto nuove misure di prevenzione e di tutela delle vittime di stalking, tra cui la possibilità per le autorità giudiziarie di emettere un'ordinanza di protezione immediata, anche in assenza di denuncia formale da parte della vittima. Inoltre, la legge ha previsto la possibilità di imporre al colpevole il divieto di avvicinamento alla vittima e ai luoghi frequentati da quest'ultima, nonché la sospensione o il divieto di detenzione di armi da fuoco.

In sintesi, il Codice Rosso ha introdotto importanti innovazioni nella tutela delle vittime di stalking, rafforzando la prevenzione e la repressione di questo grave reato, che rappresenta una forma di violenza di genere diffusa e preoccupante.

Aggressione con l'acido

L'art. 12, comma 1, della L. 69/19 prevede il delitto di *"Deformazione dell'aspetto della persona mediante lesioni permanenti al viso"* introducendo così il nuovo reato previsto, per colui che sfregia una donna, dall'art. 583 quinquies c.p., il quale recita *"Chiunque cagiona ad alcuno lesione personale dalla quale derivano la deformazione o lo sfregio permanente del viso è punito con la reclusione da otto a quattordici anni"*.

La pena sarà l'ergastolo nel caso in cui lo sfregio provochi la morte della vittima. Questo delitto viene ora considerato tra i reati intenzionali violenti che prevedono l'indennizzo da parte dello Stato ed inoltre, su richiesta delle parti, la condanna o l'applicazione della pena causerà l'interdizione perpetua da qualsiasi ufficio relativo alla tutela, alla curatela ed all'amministrazione di sostegno.

Matrimonio "con il sangue"

Il termine "matrimonio con il sangue" (in inglese "blood marriage") si riferisce ad una pratica culturale che prevede il matrimonio tra due persone che condividono un parente comune, spesso di primo grado, come un fratello o una sorella, o anche un cugino di primo grado.

Questa pratica è considerata inaccettabile e illegale in molti Paesi del mondo, poiché può causare problemi genetici e malattie ereditarie nei figli che nascono da questi matrimoni. Inoltre, molti Paesi considerano questi matrimoni incestuosi e punibili per legge.

In alcune culture, tuttavia, il matrimonio con il sangue è ancora praticato per motivi religiosi, tradizionali o economici. Tuttavia, molti leader religiosi e culturali stanno cercando di educare le loro comunità sulle conseguenze negative di questo tipo di matrimoni.

In ogni caso, è importante ricordare che il matrimonio con il sangue è considerato un reato in molte giurisdizioni, e può avere conseguenze legali e sociali negative per coloro che lo praticano, soprattutto perché spesso si tratta di un matrimonio forzato.

Per matrimonio forzato, s'intendono le nozze celebrate senza il libero consenso di una delle parti, quando cioè gli sposi si sono uniti attraverso violenza, minacce o coercizioni di ogni genere.

La legge Codice Rosso ha introdotto nel nostro codice penale l'articolo 558 bis "*Costrizione o induzione al matrimonio*" che si è aggiunto al preesistente articolo 558 "*Induzione al matrimonio mediante inganno*".

L'articolo 558-bis del codice penale italiano prevede il reato di costrizione o induzione al matrimonio, che si aggiunge al preesistente articolo 558 sul matrimonio mediante inganno.

In particolare, l'articolo 558-bis punisce coloro che costringono o inducono una persona a contrarre matrimonio contro la sua volontà, mediante minacce, violenza, sequestro o altre forme di coercizione.

La pena prevista per questo reato è la reclusione da 2 a 6 anni. Nel caso in cui la persona costretta o indotta al matrimonio sia minorenne o incapace di intendere e di volere, la pena prevista è aumentata fino alla reclusione da 4 a 10 anni.

L'articolo 558-bis è stato introdotto nel codice penale italiano nel 2016, con l'obiettivo di contrastare la pratica dei matrimoni forzati, che rappresenta una violazione dei diritti umani e della dignità della persona.

Inoltre, l'articolo 558-bis prevede anche la confisca dei beni utilizzati per costringere o indurre la persona al matrimonio, o dei beni ottenuti in modo illecito attraverso il matrimonio stesso.

In sintesi, l'articolo 558-bis del codice penale italiano punisce la costrizione o l'induzione al matrimonio contro la volontà della persona, con una pena detentiva e la confisca dei beni utilizzati o ottenuti in modo illecito. Questa norma si aggiunge all'articolo 558 sul matrimonio mediante inganno, e mira a proteggere i diritti umani e la dignità delle persone.

Tali disposizioni "*si applicano anche quando il fatto è commesso all'estero da cittadino italiano o da straniero residente in Italia ovvero in danno di cittadino italiano o di straniero residente in Italia*".

Revenge porn

Con il "Codice Rosso" è stato introdotto in Italia il reato di "Revenge porn", traducibile in "vendetta porno o porno vendetta", che indica la condivisione pubblica di immagini o video intimi, attraverso Internet, senza il consenso dei protagonisti. Quando questo fenomeno ha come protagonisti minorenni, allora si parla della pratica del "sexting".

Il revenge porn è una forma di violenza di genere che consiste nella diffusione di materiale sessuale compromettente senza il consenso della persona coinvolta, con l'intento di danneggiarla o umiliarla. Questa pratica è spesso perpetrata da ex partner o da persone che hanno avuto un rifiuto amoroso.

Le implicazioni giuridiche del revenge porn sono molto serie. In Italia, la Legge n. 69 del 19/07/2019, denominata "Codice Rosso", ha introdotto modifiche al Codice Penale e al Codice di Procedura Penale per inasprire le sanzioni per i reati di violenza domestica e di genere, tra cui il revenge porn.

L'art. 612-ter del Codice Penale prevede la punizione con la reclusione da uno a sei anni di chiunque diffonda, ceda o pubblichi immagini o video contenenti scene di nudo o di attività sessuali di una persona, senza il suo consenso. La legge prevede inoltre la possibilità di ricorrere all'ordinanza di protezione per le vittime di revenge porn, così come previsto per le vittime di violenza domestica.

Inoltre, il Codice Rosso ha introdotto la figura del "difensore civico", ovvero un avvocato che ha il compito di assistere e tutelare le vittime di violenza di genere e di stalking, compreso il revenge porn, durante il processo penale. Il difensore civico ha il dovere di informare la vittima sui suoi diritti, di rappresentarla in giudizio e di chiedere eventuali risarcimenti danni.

In sintesi, la nuova Legge Codice Rosso ha introdotto importanti novità per la tutela delle vittime di revenge porn, con l'inasprimento delle sanzioni penali e l'introduzione di nuovi strumenti per la loro protezione.

Sexting

Il termine "Sexting" è un neologismo che deriva dall'unione delle parole inglesi "sex" (sesso) e "texting" (invio di messaggi). Si riferisce alla pratica di scambiarsi messaggi, foto o video sessualmente espliciti tra due o più persone attraverso canali di comunicazione come WhatsApp, Snapchat, Telegram, Facebook, Instagram e così via.

Il fenomeno del "sesso in chat" sta avendo un'ampia diffusione tra gli utenti di internet, soprattutto in questo periodo di chiusura forzata dovuta alla pandemia. Questo tipo di attività sessuale viene spesso utilizzato come sostituto per le coppie che sono lontane l'una dall'altra.

Tuttavia, è importante ricordare che il sexting può avere conseguenze negative se le immagini o i messaggi sessualmente espliciti vengono condivisi senza il consenso delle persone coinvolte. In alcuni casi, il sexting può addirittura configurarsi come reato di pornografia minorile, se le immagini coinvolgono minori di età.

Per questo motivo, è importante che gli utenti di internet siano consapevoli dei rischi associati al sexting e che adottino comportamenti responsabili quando utilizzano questi canali di comunicazione.

Tra le ipotesi di foto o videoriprese "estorte" mediante violenza, accanto alle due fattispecie di violenza privata ex art. 610 c.p. e di minaccia di diffusione di materiale ex art. 612 c.p., si va sempre più affermando il fenomeno sociale del "sextortion".

Il fenomeno sociale del "sextortion" è una forma di estorsione che coinvolge la diffusione di immagini o video sessualmente espliciti di una persona senza il suo consenso, spesso accompagnata da minacce o richieste di denaro o di altri favori.

In genere, il "sextortion" avviene attraverso l'utilizzo di internet o dei social media, dove i malintenzionati cercano di convincere le vittime a condividere immagini o video intimi, promettendo ad esempio soldi o altre ricompense. Una volta che le immagini o i video vengono in possesso dei malintenzionati, questi possono utilizzarli per estorcere denaro o altri favori, minacciando di diffonderle o di mostrarle ai contatti della vittima.

Il "sextortion" può avere conseguenze devastanti per le vittime, che spesso si sentono vulnerabili e imbarazzate a causa della divulgazione delle loro immagini o video intimi. In alcuni casi, le vittime possono subire danni a livello personale, professionale e familiare.

Per questo motivo, è importante che le persone siano consapevoli dei rischi associati all'invio di immagini o video intimi attraverso internet o i social media. Inoltre, è fondamentale che le vittime del "sextortion" denuncino immediatamente l'accaduto alle autorità competenti, in modo da poter tutelare i propri diritti e ottenere giustizia.

Non va trascurato, comunque, che in alcuni casi la minaccia abbia portato la vittima al suicidio. Tale reato rientra nell'articolo 629 c.p. che punisce l'estorsione.

Negli ultimi tempi, si sta assistendo a una preoccupante evoluzione del fenomeno della truffa online con minorenni, in cui il ruolo di vittima non è più solo dei giovani, ma anche di persone adulte di una certa età.

Il fenomeno del "sextortion" viene spesso associato all'adescamento di minori da parte di adulti, ma recentemente si è registrato un aumento dei casi in cui i minori, che sono abili navigatori di Internet, adescano a loro volta persone adulte. In questi casi, i minori cercano di convincere le vittime, spesso donne o uomini di una certa età, a inviare immagini o video intimi, promettendo una relazione o altre ricompense.

Una volta che i minori sono in possesso delle immagini o dei video intimi, possono utilizzarli per ricattare le loro vittime, minacciando di diffonderli sui social media o inviarli alle famiglie o ai colleghi di lavoro, a meno che non paghino una somma di denaro.

Le vittime adulte di "sextortion" spesso si trovano in una situazione di grande vulnerabilità e vergogna, e possono subire danni significativi a livello personale e professionale. Inoltre, molti non si rendono conto di aver commesso un reato e si sentono in colpa, rendendo difficile per loro denunciare l'accaduto alle autorità competenti.

Per questo motivo, è importante che le persone di tutte le età siano consapevoli dei rischi associati all'invio di immagini o video intimi attraverso internet o i social media e che conoscano i meccanismi di protezione per evitare il "sextortion". In caso di vittimizzazione, è fondamentale denunciare immediatamente l'accaduto alle autorità competenti, in modo da tutelare i propri diritti e ottenere giustizia.

Il reato di sexting è disciplinato dall'articolo 600 ter del codice penale *"Pornografia minorile"*. Esso disciplina il reato di produzione, detenzione, diffusione e divulgazione di materiale pornografico riguardante minori.

In particolare, il primo comma dell'articolo prevede che chiunque produce, acquista, detiene, cede, distribuisce, pubblica o diffonde, anche attraverso mezzi informatici o telematici, materiale pornografico riguardante minori è punito con la reclusione da 4 a 8 anni.

Il secondo comma prevede la pena della reclusione da 6 a 12 anni se il fatto è commesso con l'utilizzo di un minore o se il materiale pornografico riguarda atti sessuali o situazioni di violenza o di crudeltà.

Il terzo comma prevede la pena della reclusione da 8 a 15 anni se il fatto è commesso in modo organizzato o se il materiale pornografico riguarda atti sessuali con violenza, con l'uso di armi o con l'utilizzo di più persone.

Il reato di "sexting" è considerato una forma di produzione di materiale pornografico, in quanto implica la creazione e la diffusione di immagini o video contenenti scene di sesso o nudità di minori. Pertanto, chiunque sia coinvolto in questa attività, sia come autore che come destinatario del materiale, può essere perseguito ai sensi dell'articolo 600 ter del codice penale.

È importante sottolineare che il reato di produzione, detenzione, diffusione e divulgazione di materiale pornografico riguardante minori è considerato un reato molto grave e può comportare pesanti sanzioni penali e civili. Inoltre, il fatto che il materiale sia stato creato e diffuso consensualmente non costituisce una giustificazione né attenuante per il reato commesso.

Quando il fenomeno del sexting diventa ancora più preoccupante è quando sfocia nella pratica del revenge porn, ovvero la divulgazione non consensuale di immagini o video intimi e sessuali di una persona, spesso come forma di vendetta o ripicca nei confronti dell'ex partner. In queste situazioni, spesso si innescano dinamiche di "victim blaming", ovvero la tendenza a considerare la vittima come responsabile dell'accaduto, come se avesse "fosse andata a cercarselo".

Questo tipo di atteggiamento è estremamente pericoloso e dannoso per la vittima, poiché non solo la colpevolizza e la giudica in maniera negativa, ma potrebbe anche impedirle di chiedere aiuto o denunciare il reato subito per paura di essere giudicata o umiliata ancora di più.

È importante ricordare che nessuno ha il diritto di divulgare immagini o video intimi di un'altra persona senza il suo consenso, e che la vittima di revenge porn ha il pieno diritto di denunciare l'accaduto e chiedere giustizia.

Inoltre, è fondamentale sensibilizzare l'opinione pubblica su questo problema e promuovere una cultura del rispetto della privacy e della dignità delle persone, specialmente in ambito digitale.

Di fronte al dilagare dei casi di revenge porn, la legge "Codice Rosso" ha costituito una ulteriore svolta normativa inserendo nel codice penale l'articolo 612 ter *"Diffusione illecita di immagini o video sessualmente espliciti"*, il quale dispone che *"chiunque, dopo averli realizzati o sottratti, invia, consegna, cede, pubblica o diffonde immagini o video a contenuto sessualmente esplicito, destinati a rimanere privati, senza il consenso delle persone rappresentate, è punito con la reclusione da uno a sei anni e con la multa da euro 5.000 a euro 15.000"* e le stesse pene si applicano anche a colui che, pur non avendo realizzato il materiale ricevuto, si rende complice nella sua diffusione in quanto non autorizzata. La pena aumenta quando il fatto è commesso dal coniuge o dall'ex partner.

Trattamenti psicologici

Il "Codice Rosso" ha preso in considerazione anche il trattamento del colpevole dei reati sessuali. Infatti, è stato esteso *"ai condannati per i delitti di violenza domestica e di genere, la possibilità di sottoporsi ad un trattamento psicologico con finalità di recupero e di sostegno, suscettibile di valutazione ai fini della concessione dei benefici penitenziari".*

Il "Codice Rosso" ha introdotto una serie di modifiche al Codice Penale e al Codice di Procedura Penale volte ad aumentare la tutela delle vittime di violenza domestica e di genere. Tra le novità introdotte, vi è l'estensione della possibilità per i condannati per reati di violenza domestica e di genere di sottoporsi a un trattamento psicologico con finalità di recupero e di sostegno.

In pratica, il condannato per questi reati può richiedere di svolgere un percorso di terapia psicologica in carcere o in libertà vigilata, con l'obiettivo di lavorare sui suoi problemi comportamentali e di prevenire il ripetersi di futuri reati. Questo tipo di trattamento, previsto anche per altri tipi di reato, può essere valutato dal giudice ai fini della concessione dei benefici penitenziari, come ad esempio la riduzione della pena o la concessione della libertà condizionale.

In sostanza, l'estensione della possibilità di svolgere un trattamento psicologico per i condannati per reati di violenza domestica e di genere rappresenta un ulteriore strumento per prevenire la recidiva e per favorire il recupero dei condannati, nel rispetto della dignità umana e dei diritti delle vittime.

Youpol

La YouPol è un'applicazione per smartphone con cui si possono segnalare i reati. Introdotta per contrastare lo spaccio di droga e il bullismo nelle scuole, durante il lockdown è stata estesa anche alle segnalazioni di violenza domestica. Con questa App - scaricata negli ultimi tempi da tantissimi cittadini sui propri cellulari -, è possibile, in tempo reale, trasmettere immagini e messaggi agli operatori della Polizia di Stato. Le segnalazioni vengono automaticamente geo-referenziate, ma l'utente può anche modificare il luogo in cui il fatto è accaduto. L'App consente di chiamare direttamente il 113. Ogni segnalazione, che può essere anche anonima, viene ricevuta dalla sala operativa della Questura territorialmente competente.

Youpol è un'applicazione per smartphone creata nel 2020 dall'Associazione Telefono Rosa, con l'obiettivo di fornire un aiuto immediato alle donne vittime di violenza domestica e di genere. L'applicazione è disponibile gratuitamente su App Store e Google Play ed è stata sviluppata in collaborazione con il Dipartimento per le Pari Opportunità della Presidenza del Consiglio dei Ministri.

Youpol consente alle donne di chiedere aiuto in maniera rapida e sicura, grazie a una serie di funzioni disponibili direttamente dallo smartphone. In particolare, l'app permette di contattare immediatamente il 112, il numero di emergenza europeo, o il numero verde nazionale anti-violenza 1522, ma anche di accedere a informazioni utili sulla violenza di genere e sulla tutela delle vittime.

Inoltre, Youpol offre una funzione di geolocalizzazione, che consente alle donne di segnalare in tempo reale la propria posizione e di ottenere assistenza immediata da parte delle forze dell'ordine o delle associazioni di volontariato presenti sul territorio.

L'utilizzo di Youpol è completamente anonimo e le informazioni fornite dalle utenti vengono trattate in maniera riservata e nel rispetto della normativa sulla privacy. Grazie alla sua semplicità d'uso e alla sua efficacia, Youpol rappresenta un importante strumento di prevenzione e contrasto alla violenza di genere, che può contribuire a salvare vite umane e a garantire la tutela dei diritti delle donne

Conclusione

In conclusione, il reato di stalking rappresenta una grave forma di violenza che mette a repentaglio la sicurezza e la dignità delle persone. La sua introduzione nel Codice Penale rappresenta un importante passo avanti nella tutela dei diritti delle vittime di violenza di genere e di stalking. La Legge "Codice Rosso" ha ulteriormente rafforzato la tutela delle vittime, prevedendo sanzioni più severe per i reati di stalking e violenza di genere, nonché misure di protezione e di sostegno psicologico.

Tuttavia, nonostante gli sforzi legislativi, la lotta contro lo stalking richiede un impegno costante e coordinato da parte delle istituzioni, delle forze dell'ordine e della società nel suo complesso. È necessario promuovere una cultura della legalità e del rispetto reciproco, che valorizzi la libertà e la dignità della persona, contrastando ogni forma di violenza e di discriminazione. Solo così sarà possibile costruire una società più giusta e solidale, in cui le vittime di stalking e di violenza di genere possano sentirsi tutelate e protette.

Concludo questo libro nella stessa maniera con cui ho concluso il mio recente romanzo dal titolo "Stalking letale"[8], ossia, esortando le donne a non essere vittime della violenza psico-fisica altrui, ma protagoniste della loro esistenza. Bisogna stare lontano da chi mostra i primi sintomi di stalking, perché le sue condotte persecutorie sono in grado di compromettere il normale svolgimento della loro quotidianità e segnarle psicologicamente per tutta la vita.

Grazie ancora per avermi seguito sin qui nella lettura.

A presto.

Nicola Amato

---

[8] Questo romanzo è reperibile su:
https://www.amazon.it/dp/1790426308

Bibliografia

N. AMATO, *Stalking letale*, Amazon, 2019, https://www.amazon.it/dp/1790426308 (ultima visita il 11/03/2023)

M. ARAMINI, *Lo stalking: aspetti psicologici e fenomenologici*, in Gulotta G., Pezzati, S. (a cura di), Sessualità diritto e processo, 495, 2002

F. BARTOLINI, *Lo stalking e gli atti persecutori nel diritto penale e civile. Mobbing; molestie; minacce; violenza privata*, Casa Editrice La Tribuna, 2009

G. FUSÈ, C. DE NADAI, *Vittime di stalking: effetti psicopatologici e intervento*, articolo su State of Mind, https://www.stateofmind.it/2016/03/vittime-di-stalking-intervento-psicologia/ (ultima visita il 26/08/2022)

B. C. Gargiullo, R. Damiani, *Lo stalker, ovvero il persecutore in agguato*, Franco Angeli editore, 2016

J. H. Kamphuis 1, P. M. G. Emmelkamp, A. Bartak, *Individual differences in post-traumatic stress following post-intimate stalking: stalking severity and psychosocial variables*, Studio scientifico pubblicato su NIH National Library of Medicine, 2003, https://pubmed.ncbi.nlm.nih.gov/12828804/ (ultima visita il 12/03/2023)

P.E. Mullen, M. Pathé, R. Purcell, *Stalkers and their victims*, Cambridge, University Press, 2009

M. Paoli, *In inglese stalking; in italiano?*, articolo di Redazione Consulenza Linguistica Accademia della Crusca, https://accademiadellacrusca.it/it/consulenza/in-inglese-stalking-in-italiano/833#:~:text=con%20il%20termine%20inglese%20stalking,stesso%20paura%20ed%20ansia%2C%20compromettendo%2C (ultima visita il 25/08/2022)

M. Stefanelli, *Tipologie di stalker*, Istituto A.T. Beck, https://www.istitutobeck.com/beck-news/tipologie-di-stalker#:~:text=Il%20primo%20asse%20permette%20di,%2C%20il%20predatore%20(predatory). (ultima visita il 26/08/2022)

S. Travini, *Chi è lo stalker: come riconoscerlo e cosa puoi fare se sei vittima di stalking*, articolo su Ohga!, https://www.ohga.it/chi-e-lo-stalker-comericonoscerlo-e-cosa-puoi-fare-se-sei-vittima-di-stalking/ (ultima visita il 25/08/2022)

B. A. VAN DER KOLK (a cura di), A. C. MCFARLANE (a cura di), L. WEISAETH (a cura di), P. VERENI (Traduttore), *Stress traumatico. Gli effetti sulla mente, sul corpo e sulla società delle esperienze intollerabili*, Magi Edizioni, 2005.

Informazioni sull'autore

É sempre difficile descrivere se stessi, forse perché ci si vede sempre da una sola angolazione. Si rischia pertanto di essere troppo faziosi, sia in negativo che in positivo.

Io poi, sono quasi sempre un poco restìo a parlare di me stesso, chiuso probabilmente in quella gabbia culturale fatta di riservatezza e discrezione o, come dicono gli anglofoni, "*low profile*".

Comprendo comunque che si rende necessario farlo in questo contesto, in quanto è giusto e corretto nei confronti dei lettori far sapere loro con chi si ha a che fare quando si legge un libro.

Eccomi dunque. Tralasciando gli studi fatti, si tratta di normalissimi corsi universitari e post laurea, approdo alle mie passioni: la comunicazione, la scrittura, il diritto e l'ICT.

Sono scrittore di romanzi e di saggi, ho ricevuto nel 2022 una menzione di merito al Secondo Premio Letterario Internazionale Dostoevskij, in occasione del quale un ampio brano del mio romanzo "Un amore contrastato" è stato inserito nell'antologia riepilogativa del Premio, pubblicata dall'editore Aletti.

Sono risultato inoltre finalista al concorso letterario nazionale Argentario 2022 e Premio Caravaggio col romanzo Il mistero del tesoro nascosto.

Sono tecnologo della comunicazione audiovisiva e multimediale, con elevate competenze professionali nel campo informatico, e con una comprovata pluriennale esperienza di lavoro nel settore IT e ICT in ambito internazionale.

Inoltre, sono stato docente universitario presso la facoltà di scienze della comunicazione dell'università Insubria di Varese della materia "Scritture Segrete", che comprendeva principalmente argomenti di insegnamento come la steganografia, la crittografia e tutte le tecniche elusive della comunicazione.

Tuttora sono docente universitario all'università di Alberta in Canada, dove insegno online le seguenti tre materie:

- Database Design for Information Management;
- Metadata
- Human Information Interaction.

Vi invito a visitare la mia pagina Facebook

www.facebook.com/nicola.amato.scrittore

Date un'occhiata anche al mio blog, dove potrete conoscere altri miei lavori letterari, oltre che mettervi in contatto con me:

nicola-amato.blogspot.it

Ho aperto inoltre da poco il mio canale YouTube, dove potrete vedere brevi video inerenti ai miei libri ed alcuni booktrailer:

www.youtube.com/channel/UC7HuyTExwr_IPagrP FROuoA

Di che cosa parlano i miei libri?

Ho scritto diversi libri nel corso degli ultimi anni, sia romanzi che saggi, e sono stati pubblicati sia nel formato e-book e sia in quello cartaceo.

I saggi trattano varie tematiche interessanti, alcune delle quali molto conosciute e apprezzate in maniera globale, mentre altre sono considerate di nicchia.

Per quanto riguarda i romanzi invece, alcuni sono improntati su temi sociali ed altri su argomenti di interesse. Sono comunque tutti molto intriganti.

Date un'occhiata qui di seguito alla lista dei miei libri, e nel caso vogliate approfondire le argomentazioni trattate perché hanno destato il vostro interesse, andate sul link che segue, il quale vi indirizzerà sulla mia pagina Amazon dove potrete acquisire maggiori informazioni su questi libri.

www.amazon.it/Nicola-Amato/e/B0058FNDFQ/

Romanzi

- La prostituta
- Un amore contrastato
- La Bibbia del Diavolo

- Il mistero del tesoro nascosto
- Stalking letale
- Loschi affari nella ricerca sul cancro
- Fenomeni dell'aldilà
- Il clochard
- Il segreto del castello di Copernico

<u>Saggi</u>

- Il reato di stalking e la disciplina giuridica che lo regola
- Le tecnologie NRDBMS e i vantaggi strategici che apportano sfruttando gli asset digitali aziendali
- Guida alle strategie di backup dei dati
- Storia della Crittografia Classica
- La steganografia da Erodoto a Bin Laden: Viaggio attraverso le tecniche elusive della comunicazione
- La sicurezza delle informazioni nel contesto evolutivo del binomio comunicazione-informatica
- La disciplina giuridica dell'informatica forense nell'era del cloud

- Manuale della comunicazione multimediale: Come comunicare in maniera efficace con i prodotti multimediali

- L'evoluzione giuridica della responsabilità medica

- Profili giuridici dei reati di falsa testimonianza e di frode processuale

- Come interpretare il linguaggio del corpo durante la fase del corteggiamento

- Come scrivere un romanzo di qualità

- Piero Angela: Come puntare alla più alta soglia dei contenuti con la più semplice soglia del linguaggio.

Collana Saggi "Approfondimenti di diritto penale"
Volume 4

-----æ-----

www.ingramcontent.com/pod-product-compliance
Lightning Source LLC
Chambersburg PA
CBHW050245220526
45465CB00002B/553